Risques et gestion de l'argent dans le trading

I. Manuel d'instructions

II. **Grundlagen des Trading**

A. Définition des Trading

B. Analyse de marché et stratégie commerciale

C. Psychologie des Trading

II. **Gestion des risques**

IV. **Gestion de l'argent**

V. **Techniques de réduction des risques**

VI. **Stratégies de trading fortes**

VII. **Psychologie des Trading**

A. Risques émotionnels et risques liés au trading

B. Disziplin et Geduld im Trading

C. Umgang mit Verlusten und Rückschlägen

D. Stärke mentale et auto-réflexion

VIII. Erfolgreiches Trading : études et simulations

A. Gestion pratique des risques et de l'argent

IX. Outils et ressources de trading

A. Logiciels et plates-formes de trading

B. Travaux d'analyse technique

C. Informationsquellen et Nachrichtendienste

X. Fazit et Ausblick

I. Instructions

Les risques et la gestion de l'argent jouent un rôle important dans le trading et ont une perspective intéressante pour les investisseurs les plus friands d'un trader. Voici la description de l'aspect en détail :

Risque : Beim Trading est conscient du risque auf die Möglichkeit von Verlusten ou négatif Ergebnissen. Jeder Trade crée un risque risqué, car le marché financier est volatil et si peu probable qu'il soit possible de le faire. Das Verständnis et die Verwaltung des Risikos sind für Trader von großer Bedeutung. Grâce à l'analyse des risques potentiels, le trader peut mieux planifier sa stratégie commerciale et mieux gérer ses activités, pour un meilleur travail. Une gestion des risques variée est prise en charge, le capital est protégé et le plan financier est réduit au minimum.

Moneymanagement : Das Moneymanagement est situé auf die Verwaltung des Kapitals beim Trading. C'est ce qui se passe, comme le viel Kapital in jeden Trade investiert wird et comme le Kapital insgesamt auf verschiedene Trades et Anlageinstrumente vertilt wird. Un Moneymanagement efficace aide Tradern, ses ressources financières sont optimales pour les ressources et le risque de minimiser les risques. Grâce à la gestion des risques et à la surveillance des risques, aux ordres stop-loss et à la meilleure immunité des positions, un trader peut avoir une chance dans son capital et dans sa chance au long terme.

Il s'agit des principes de gestion des risques et de gestion de l'argent pour les traders en tant qu'entrepreneurs, un outil de recherche, un capital de sécurité et un long travail de gestion à l'intérieur.

II. Grundlagen des Trading

Les Grundlagen des Trading sont basés sur les concepts et principes fondamentaux, qui sont trouvés dans le commerce avec des instruments financiers tels que des actions, des conceptions, des solutions ou des solutions dérivées. Voici un des principaux groupes de trading :

Marktkenntnisse: Un erfolgreich zu traden, ist es wichtig, the Markt, in the man handelt, gründlich zu verstehen. Le Kenntnis du Handelszeiten, la bourse d'études et les mécanismes, les prix et la volatilité des instruments financiers sont influencés.

Stratégie commerciale : une stratégie commerciale définie par les règles et les critères, selon le principe d'un commerçant, à la fois et avec notre main. Il s'agit d'art de stratégies commerciales polyvalentes, comme les exemples de tendances, Swing-Trading, Scalping ou Contrarian-Trading. Jede Strategie chapeaute vos propres merkmale et risque.

Gestion des risques : La gestion des risques est une perspective globale des transactions. Il s'agit de la définition des niveaux de stop-loss, d'une gestion des risques, de la meilleure immunité des positions de base au niveau du capital et de la gestion des risques, ainsi que de la diversification des portefeuilles, pour le risque.

Analyse technique : L'analyse technique doit être effectuée avec la compréhension des diagrammes de prévision et d'autres données statistiques, um zukünftige Kursbewegungen vorherzusagen. Des indicateurs techniques tels que l'indice de force relative, l'indice de force relative (RSI) ou les bandes de Bollinger sont utilisés pour identifier un seul et même point de référence pour les transactions.

Analyse fondamentale : L'analyse fondamentale se concentre sur l'évaluation d'un instrument financier à la fois par des facteurs économiques et financiers, comme par exemple les indicateurs économiques, les taux d'intérêt des États-Unis, les taux d'intérêt humides ou les indicateurs macroéconomiques. Cette analyse vous permettra de comprendre les informations intérieures sur les meilleurs papiers d'écriture et les possibilités d'identification des marchandises.

Gestion émotionnelle : jouer sur les émotions dans un grand rôle dans le trading. Gier et Angst können zu irrationalen Handlungen führen und die Entscheidungsfindung beeinträchtigen. Un erfolgreiches Trading s'appuie sur des règles de conduite, des émotions pour le contrôle et des réflexions objectives sur les faits et les stratégies de travail.

Continuierliches Lernen: Die Finanzmärkte sind dynamisch und unterliegen ständigen Veränderungen. Un erfolgreicher Trader doit être à l'intérieur, continu à apprendre et à seine Fähigkeiten zu verbessern. La lecture de la littérature, les analyses de marché et les analyses de marché avec d'autres commerçants peuvent vous aider, la sagesse et les connaissances dans le commerce à l'avenir.

A. Définition des Trading

Der Begriff Trading est auf den Kauf et Verkauf von Finanzinstrumenten comme Aktien, Anleihen, Währungen, Rohstoffen ou Derivaten auf den Finanzmärkten. Trader versuchen, Gewinne zu erzielen, Indem sie die Preisbewegungen der Finanzinstrumente ausnutzen.

Das Trading peut trouver des articles sur les marchés, les marchés d'actifs, les marchés de devises (Forex), les marchés de Rohstoff, les marchés d'options, les marchés à terme et d'autres instruments financiers. Les commerçants utilisent souvent des plates-formes de vente électroniques pour leurs transactions.

Il s'agit d'une solution complète au trading, en changeant le trading court comme le Daytrading ou le scalping jusqu'au trading lent comme le Swingtrading ou le long investissement. Trader utilise également des stratégies de trading polyvalentes telles que l'analyse technique, l'analyse fondamentale, le trading algorithmique ou le trading basé sur des critères.

Das Trading a pris des risques, le prix de l'instrument financier est très fort et le Trader Finanzielle Verluste s'en rend compte. Au sein de ce groupe, c'est le trader qui a le plus d'avantages sur le marché, une stratégie de trading solide et une gestion efficace des risques.

B. Analyse de marché et stratégie commerciale

L'analyse de marché et la stratégie commerciale sont les meilleures solutions pour les transactions. Vous pouvez ainsi vous aider à identifier des opportunités potentielles de vente et à financer des investissements auprès de Kauf ou de la vérification de papiers d'emballage pour vous aider. Voici un concept et une stratégie de base qui vous permettront de faire du trading :

Analyse de marché :

Analyse technique : cette méthode est basée sur la compréhension des graphiques, des suivis historiques et des indicateurs, des tendances et des critères d'identification et des pronostics sur les étapes de calcul possibles.

Analyse fondamentale : Hierbei werden Unternehmensdaten, Wirtschaftsindikatoren and Nachrichten analysiert, um den inneren Wert eines Wertpapiers zu bestimmen and potenzielle Handelschancen zu erkennen.

Analyse des sentiments : cet art de l'analyse s'appuie sur les indicateurs d'immunité tels que les publications sur les réseaux sociaux, les informations sur les médias sociaux et les informations sur les médias sociaux, ainsi que sur l'ensemble des marchés publics et les meilleures options d'analyse des sentiments au sein du Kursverlauf abzuleiten.

Stratégie commerciale :

Trendfolge: Cette stratégie est basée sur les tendances, les tendances sont fortes et les entreprises sont dirigées par un homme indépendant dans la gestion des tendances actuelles.

Kontra-Trend : Hierbei versucht man, von Kurskorrekturen oder Umkehrungen zu profitieren, indem man gegen den vorherrschenden Trend handelt.

Scalping : Cette stratégie comprend les lignes droites et les positions de positionnement, une petite taille au niveau des poils longs pour les utiliser.

Swing-Trading : vous pourrez ainsi vous positionner sur une période de temps plus longue pour obtenir de gros prix pour en tirer profit.

Arbitrage : Cette stratégie vise à fournir un prix pour le papier de référence auf verschiedenen Märkten, um Gewinne zu erzielen.

C. Psychologie des Trading

La Psychologie des Trading est basée sur les aspects émotionnels, cognitifs et verbaux, les études des commerçants sur les marchés financiers. La Verständnis de la Psychologie des Trading est conçue pour l'expérience du trader, le développement émotionnel et cognitif d'un seul flux de connaissances au sein du Handelsleistung.

Voici un des aspects les plus intéressants de la psychologie des transactions :

Émotions : Les émotions comme l'angoisse, la colère, la peur et l'euphorie peuvent être ressenties par les mains. Le trader doit avoir ses émotions à l'intérieur et à l'intérieur de l'âge, si il est efficace pour être positif, une émotion impulsive ou irrationnelle pour agir.

Kognitive Voreingenommenheit: Kognitive Voreingenommenheit sind Denkverzerrungen, die eine rational Entscheidungsfindung beeinträchtigen können. Zum Beispiel führt the Bestätigungsverzerrung Trader dazu, nach Informationen zu suchen, die ihre bestehenden Überzeugungen bestätigen, während der Anker-Effekt Trader dazu veranlasst, sich auf anfängliche Informationn zu stützen, auch wenn sie non plus pertinent sind. Das Bewusstsein für cese Voreingenommenheit kann Tradern helfen, objektivere Entscheidungen zu treffen.

Gestion des risques : La psychologie des transactions joue un rôle approfondi dans la gestion des risques. Trader s'efforce de comprendre l'âge, de s'adapter et de financer des investissements en fonction des positions et des niveaux de stop-loss. Die Angst vor Lustenen oder die Unfähigkeit, a falsche Entscheidung anzuerkennen, können zu kostspieligen Fehlern führen.

Disziplin : Disziplin est utilisé pour le trading. Le trader se trouve dans le Lage sein, son plan de trading est élaboré et dans ses stratégies qui en découlent, et lorsque le marché est volatil ou les émotions sont fortes. Disziplin hilft, impulsive Fehler zu vermeiden und une stratégie Herangehensweise aufrechtzuerhalten.

Stressbewältigung : Das Trading peut insister sur le fait qu'il s'inscrive dans une grande somme d'argent dans le jeu. Trader s'intéresse au stress auf gesunde Weise zu bewältigen, indem sie Entspannungstechniken oder Stressmanagement-Methoden nutzen, um übertriebene Reaktionen oder überstürzte Entscheidungen zu vermeiden.

Il est important de savoir que la psychologie des transactions est une perspective globale pour les gestionnaires des marchés financiers. La diversité des émotions propres, la gestion des connaissances cognitives, la gestion des risques, l'arrêt de la compression et l'élimination du stress avec toutes les méthodes psychologiques, la gestion des risques, un financement et une rationalisation des méthodes de travail.

III. Gestion des risques

La gestion des risques au sein du trading et de la bourse est une solution idéale, une expérience potentielle de démarrage et de longue durée de gestion des risques. Il y a un seul point important en matière de gestion des risques chez le commerçant :

Festlegung eines Risikobudgets : Avant de commencer le trading, vous devez absolument organiser un budget de risque. Dies ist der Betrag, den Sie bereit sind, in Trades zu investieren, ohne Ihr Gesamtkapital zu gefährden. Un total de richesses n'est pas plus élevé que 1 à 2 % de l'hôpital général de l'hôpital auf un commerce unique.

Les ordres Stop-Loss sont utilisés : Un ordre Stop-Loss est un ordre de vente prédéfini, qui est automatique, lorsque le Kurs un papier d'emballage est le meilleur pour son prix festif. Grâce à l'application d'un niveau Stop-Loss, vous pouvez obtenir des résultats qui tombent sur le marché si vous le souhaitez.

Diversification des portefeuilles : par l'intermédiaire de l'agence de gestion des hôpitaux auf verschiedene Wertpapiere oder Märkte können Sie das Risiko streuen. Quand une position Verluste verzeichnet, können Gewinne aus anderen Positionen diese Verluste möglicherweise ausgleichen.

Kenntnis der eigenen Handelsstrategie: C'est ce qui est une claire stratégie de Handels à avoir et ces conséquences à prendre en compte. Il s'agit de la réglementation des risques et des réglementations australiennes, ainsi que de la surveillance des technologies de gestion des risques, ainsi que de la réglementation des risques (ratio risque-récompense).

Surveillance du marché : Les activités de gestion des risques assurent une surveillance régulière du marché et leurs positions fréquentes. Vous pouvez donc vous attendre à des réactions et à des chutes d'ordres Stop-Loss en passant ou en gagnant des ordres absolus.

Contrôle émotionnel : les émotions peuvent être provoquées par des efforts impulsifs qui entraînent le risque. C'est ce qui est prévu pour le travail et vos conseils manuels sur la base d'une analyse de fonds et d'une stratégie de travail, qui répond aux émotions qui influencent votre travail.

Fortlaufende Bildung : Le commerce du commerce est complexe et dynamique. C'est ce qui nous amène continuellement à créer une nouvelle stratégie de développement et une stratégie de gestion de notre entreprise. Une solide base de données peut vous aider, prendre de meilleurs risques et financer des projets de recherche.

Ces points comprennent toutes les lignes directrices pour la gestion des risques dans le commerce et la bourse. Jeder Trader sollte jedoch seine individualn Ziele, Erfahrungen and Risikotoleranz berücksichtigen et sein Risikomanagement entsprechend anpassen.

IV. Gestion de l'argent

La gestion de l'argent est l'un des meilleurs outils de trading à la bourse. Il s'agit de l'assurance et de la protection des capitaux, qui sont destinées à l'utilisation de Handel. Un Moneymanagement efficace peut vous aider à gagner du temps, à minimiser les risques et à faire de longs profits pour le commerce. Voici un des points clés des Moneymanagements au sein du Trading an der Börse :

Gestion des risques : Bestimmen Sie vor dem Handel das Risikoniveau, das Sie bereit sind einzugehen. Une réglementation générale est recommandée, car vous n'en avez pas plus de 1 à 2 % dans les hôpitaux de commerce de votre établissement auf einen einzelnen Trade setzen sollten. Dadurch begrenzen Sie potenzielle Verluste und schützen Ihr Kapital vor grand Rückschlägen.

Ordres Stop-Loss : Utilisez les ordres Stop-Loss, pour les utiliser. Un ordre stop-loss est une réponse à votre courtier, une position à prendre en compte, lorsque le Kurs a une meilleure définition de ce qui est possible. Dadurch können Sie Verluste begrenzen, wenn der Markt sich gegen Sie entwickelt.

Commandes gagnantes : Ce qui se passe comme l'ensemble des ordres stop-loss est le résultat des commandes gagnantes. Meilleurs moments pour que vous puissiez les réaliser plus facilement et définir des limites ambitieuses ou des ordres Trailing-Stop, pour que vous puissiez les réaliser de manière efficace.

Diversification : Verteilen Sie Ihr Handelskapital auf verschiedene Anlageklassen, Branchen und geografische Regionen. Une grande diversification peut réduire les risques, en s'attaquant à une classe d'apprentissage möglicherweise par Gewinne dans un autre endroit ausgeglichen.

Kapitalerhalt: Schützen Sie Ihr Handelskapital, indem Sie nur Gelder verwenden, die Sie bereit sind zu verlieren. Vermeiden Sie übermäßiges Risiko, insbesondere durch den Einsatz von Fremdkapital (Marge), das zu erheblichen Verlusten führen kann.

Gestion émotionnelle : Apprenez à connaître vos émotions lors du contrôle du trading. Gier et Angst können zu impulsiven Entscheidungen führen. Halten Sie sich an Ihre vordefinierten Handelspläne und lassen Sie sich nicht von kurzfristigen Marktstimmungen beeinflussen.

Image et recherche : L'image détaillée de la page Web est celle qui correspond à vos exigences commerciales et à votre compatibilité avec le marché. Investissez dans l'actualité de la recherche, de la lecture de la littérature et des études de connaissances pour obtenir des informations sur les études de marché financées par les gens.

Ces points comprennent toutes les lignes de richesse pour la gestion de l'argent au sein du trading et de la bourse. C'est ce qui vous permet d'avoir la meilleure stratégie de garantie pour les gains et les transactions avec les risques. Jeder Trader est au sein de sa propre stratégie individuelle, qui se concentre sur ses risques, son profil de risque et son risque de Kenntnisstand.

V. Techniques de réduction des risques

Beim Trading an der Börse gibt es verschiedene Risikoreduzierungstechniken, die Anleger verwenden können, um your Risk zu minimieren. Voici une des techniques les plus avancées :

Diversification : Par la Verteilung des Kapitals auf verschiedene Anlageklassen, Branchen oder Unternehmen kann das Risiko gestreut werden. Lorsqu'une investissement est très abschneidet, vous pouvez obtenir d'autres investissements plus efficaces et plus efficaces.

Stop-Loss-Afträge : Stop-Loss-Afträge aide à déterminer si une position est automatiquement définie, lorsque le Kurs a une meilleure définition de ce qui est possible. Dies hilft, Verluste zu begrenzen und das Risiko zu kontrollieren.

Take-Profit-Afträge : L'option Stop-Loss-Aufträge ermöglichen Take-Profit-Afträge das automatische Verkaufen einer Position, wenn der Kurs ainen bestimmten Gewinn erreicht. Dies hilft dabei, Gewinne zu sichern und das Risiko zu reduzieren.

Dimensionnement des positions : une meilleure protection de la taille des positions dans le cadre du chapitre principal et des risques liés au commerce. Grâce à l'organisation d'un vaste projet de chapitres sur le commerce, le risque peut survenir sur une seule position.

Analyse technique : L'utilisation des analyses techniques avec des lignes de tendance, des mesures de précision et des indicateurs peut vous aider, un et plusieurs points d'identification. Dies kann dazu beitragen, das Risiko zu reduzieren, indem Trades in Richtung des vorherrschenden Trends durchgeführt werden.

Analyse fondamentale : par l'intermédiaire des services de base tels que les modèles de gestion, les marchés financiers et les marchés financiers, il existe des solutions pour les entreprises financées. Dies kann helfen, das Risiko von Investitionen in Unternehmen mit unzureichenden Fundamentaldaten zu verringern.

Gestion des risques : La planification d'un plan de gestion des risques est élaborée. Dies umfasst die Bestimmung eines maximalen niveaux pro Trade oder insgesamt sowie die Disziplin, den Plan einzuhalten. Une solide gestion des risques peut vous aider, contrôler vos émotions et réduire vos risques.

C'est ce qui vous empêche d'éliminer ces techniques de risque qui ne peuvent pas être éliminées. Le Haendel est né en ce moment dans des risques inhärentes, et les résultats sont möglich. C'est donc un ratsam, un Kenntnis umfassende du Märkte, une angemessene Ausbildung et un kontinuierliches Lernen zu haben, un meilleur risque pour l'verstehen et le bewältigen.

VI. Stratégies de trading fortes

Des stratégies de trading fortes sont disponibles pour les différents scénarios et préférences des traders. Voici une des stratégies de trading les plus populaires, qui sont proposées par les gestionnaires suivants :

Momentum-Trading : cette stratégie est basée sur l'achat de prix et le Moment sur un papier d'achat. Des gestionnaires tels que l'entreprise ou d'autres instruments financiers ont un fort potentiel d'investissement ou une dynamique économique et ont pour but de tirer profit de cette tendance.

Contrarian-Trading : Cette stratégie est basée sur l'Annahme, le marché est en train de s'ouvrir et la bourse est plus grande dans la richesse des marchés financiers. Contrarian-Trader s'intéresse à la situation actuelle ou à la situation actuelle et à sa position actuelle, qui donne naissance à la tendance actuelle.

Arbitrage-Trading : Pour l'arbitrage, il est possible de choisir des marchés ou des instruments financiers pour en tirer profit. Arbitrage-Trader suchen nach Gelegenheiten, bei denen sie un Wertpapier zu einem niedrigeren Preis kaufen et gleichzeitig zu un höheren Preis verkaufen können.

Pair-Trading : Cette stratégie permet d'avoir deux papiers d'écriture korrelierte en même temps, un outil de négociation potentiel pour l'identification. Le commerçant tel qu'à chaque instant, dans la relation de prix entre les deux papiers-papiers, s'abîme, et n'entre pas dans une position bien définie, une des opérations possibles pour en tirer profit.

Event-Driven-Trading : Cette stratégie s'applique au handel auf der Grundlage von Unternehmensereignissen comme Quartalsberichten, Fusionen, Übernahmen ou anderen wichtigen Ankündigungen. Le trader analyse ces Ereignisse et versuchen, vorherzusagen, comme sich auf den Aktienkurs auswirken werden, un entsprechende Positionen einzunehmen.

Stratégies d'options : Le commerce avec les options propose une véritable stratégie de stratégie forte qui permettra aux commerçants de se développer. Il s'agit de stratégies de spread, de stratégies de chevauchement, de stratégies de papillon et d'autres stratégies de vente d'options complexes, qui combinent plusieurs combinaisons de contrats d'options pour créer les meilleures solutions de marché pour en tirer profit.

C'est ce qui fait que le handel avec des papiers d'emballage avec des risques est prévu, et des stratégies fortes proposent souvent une variété de normes du marché et des instruments liés à leurs besoins. Il s'agit de l'une des stratégies les plus efficaces pour informer et gérer les situations ratées par un gestionnaire financier professionnel.

VII. Psychologie des Trading

La psychologie des transactions et des marchés financiers est une perspective plus claire, qui s'étend souvent au-delà des risques ou des pertes d'un commerçant. Il y a un seul point important que la psychologie des transactions connaît bien :

Émotions : des émotions telles que l'angoisse, la colère, l'euphorie et la frustration jouent un grand rôle dans le trading. Lorsqu'un trader n'a pas ses émotions sous le contrôle, il peut avoir des réactions impulsives qui ne reposent pas sur des analyses fondées. Erfolgreiche Trader est dans le temps, ses émotions de contrôle et sa gestion rationnelle.

Version Verlusta : Les traders sont souvent plus attirés par les Verlusten que par les Gewinnen betroffen. Verlustaversion bezieht sich auf die Tendenz, Verluste stärker zu fürchten als Gewinne zu schätzen. Dies kann dazu führen, the Trader Verluste zu long halten, in der Hoffnung, dass sich der Markt zu ihren Gunsten wenden wird, oder dass sie Gewinne zu früh realisieren, um sie zu sichern. Une stratégie de gestion des risques bien pensée est une version améliorée du vent.

Übermäßiges Vertrauen: Manchmal können Trader übermäßig selbstsicher sein und zu risikoreichen Entscheidungen neigen. Meurt souvent sous le nom de "Biais d'excès de confiance". C'est ce qui est réaliste et non brillant, l'homme du marché peut s'en sortir. Une analyse fondée et une stratégie commerciale solide qui ont également des effets bénéfiques sur les investissements.

Herdenverhalten: Trader neigen dazu, sich vom Verhalten der Masse beeinflussen zu lassen. Si vous êtes un commerçant dans une meilleure gestion de richesse, vous pouvez mourir pour un marché de marchandises supérieur. C'est quelque chose qui ne permet pas de s'endormir et qui ne rend pas aveugles les herdenverhalten zu folgen.

Conseils d'utilisation : Le commerçant peut maintenant obtenir des informations sur ce sujet, pour ses conseils pratiques, et des informations sur les ignorants, à une portée plus large. Ces meilleurs outils peuvent être utilisés pour résoudre les problèmes. C'est ce qui constitue une grande palette d'informations à portée de main et d'objectifs à atteindre.

Disziplin : Disziplin est un outil de trading idéal. Le trader s'engage dans sa stratégie commerciale et n'est pas impulsif de sa part. Les réactions émotionnelles sont clairement expliquées et justifiées par les efforts déployés.

La psychologie des transactions et des bourses peut être complexe, et elle est consacrée à la lecture et à l'écriture, pour vous aider. Les commerçants éminents s'intéressent à l'actualité de l'époque, à leurs émotions de contrôle, à leurs justifications pour les échanges et à une perspective langfristige einzunehmen. C'est aussi ce qui est le plus stable et le plus pratique pour apprendre, l'aspect psychologique des transactions est meilleur pour l'approche et l'équilibre.

VIII. Erfolgreiches Trading : études et expériences

George Soros et le fonds britannique (1992) : George Soros est l'un des commerçants et investisseurs les plus expérimentés du monde. En janvier 1992, Soros a été spéculé sur une chute du Kursverfall des fonds britanniques. Il s'est avéré que le Pfund a surmonté la guerre et a commencé, de grandes mesures de protection contre les catastrophes. Grâce à ces services, il existe une bourse des fonds monétaires jusqu'à un moment donné et un gain d'un milliard de dollars américains.

Jesse Livermore et le crash de la bourse en 1929 : Jesse Livermore est devenu un commerçant légendaire, qui a connu la montée en puissance de la société mondiale au cours des années 1920. Il existe des plates-formes de spéculation et des bourses et des positions d'actifs massives qui permettent d'en tirer profit. Livermore verdiente plus d'un million de dollars et est devenu l'un des commerçants les plus prospères dans le temps.

Paul Tudor Jones et le crash de la bourse en 1987 : Paul Tudor Jones est un gestionnaire de fonds de placement et un négociant qui, pour son grand gestionnaire, a connu le crash de la bourse en 1987. Il est possible d'obtenir l'Anzeichen einer bevorstehenden Marktkorrektur et setzte auf fallde Kurse, indem er Optionen verkaufte. Jones a réussi à gagner un crash d'une valeur de 100 millions de dollars américains.

John Paulson et la crise des subprimes (2007-2008) : John Paulson est un gestionnaire de fonds spéculatifs, pour une meilleure gestion du marché immobilier et la crise des subprimes est là. Il y a un bon temps pour la croissance globale sur le marché immobilier américain et un instrument financier complexe qui permet de tirer profit des prix immobiliers déchus. Paulson a gagné une personne de plus de plusieurs milliards de dollars et est devenu l'une des personnalités les plus en vue du monde financier.

Ces études de marché sont fréquentes, les traders les plus performants se tournent souvent vers des analyses de fonds, des marchés et des opportunités de chance dans les meilleurs marchés où ils se trouvent. C'est quelque chose qui signifie que le trading avec de nombreux risques est possible et que tous les métiers ne sont pas rentables. Erfolgreiches Trading erfordert ein hohes Maß an Fachwissen, Erfahrung et une sorgfältige Riskmanagementstrategie.

A. Gestion pratique des risques et de l'argent

La gestion des risques et de l'argent est une perspective claire dans la vie des investisseurs, qui s'inscrit dans le marché financier. Voici une approche pratique de la gestion des risques et de l'argent :

Anlageportfolios: Im Finanzbereich ist das Risiko- und Moneymanagement von großer Bedeutung für Anlageportfolios. Une solution peut être diversifiée au sein du portefeuille, pour augmenter les risques et accroître le potentiel d'investissement. Das bedeutet, dass er sein Geld auf verschiedene Anlageklassen wie Aktien, Anleihen, Rohstoffe and Immobilien vertilt, um das Risiko eines grandes Verlustes zu verringern.

Ordres Stop-Loss : Un ordre Stop-Loss est une réponse d'un courtier, d'une meilleure action ou d'un meilleur papier d'achat pour obtenir le prix d'un meilleur prix. Il s'agit d'une solution pratique de gestion des risques, qui peut être utilisée pour réduire les risques. Grâce à la définition d'un niveau Stop-Loss, vous pouvez éviter de prendre des risques si le marché tombe sur votre marché.

Positionssizing : Le Positionssizing est placé sous l'angle de la meilleure position de la taille d'une main, englobant le capital et le risque du commerçant, le plus facilement possible. Un Moneymanagement efficace est conçu pour, comme le viel capital dans une meilleure position, investir en toute sécurité pour éviter les risques. Indem man die Position angemessen dimensioniert, kann man das Risiko eines größeren Verlusts minimieren et das Kapital schützen.

Versicherungen: Im Allgemeinen geht es bei Versicherungen darum, Risiken abzudecken und finanzielle Verluste zu begrenzen. L'Australie est une police d'assurance compétente et la police d'assurance a une politique d'assistance et présente un aspect particulier de la gestion des risques. Versicherungen bieten finanziellen Schutz and Helfen, mögliche Schäden oder Verluste zu minimieren.

Prise en charge des risques : la gestion des risques et de l'argent est également destinée aux entreprises de grande taille. Unternehmen müssen Risiken wie

Währungsschwankungen, Zinssätze, Wettbewerb, operative Risiken et d'autres facteurs s'occupent et geeignete Massnahmen ergreifen, um cese Risiken zu managern. Il est possible d'élaborer une stratégie de gestion des risques, une gestion des risques ou une sécurité des produits dérivés, une meilleure gestion des risques et des services d'assistance.

Ces exemples sont tels que la gestion des risques et de l'argent dans la vie quotidienne des hommes, une activité pratique a eu lieu pour minimiser les risques, assurer la sécurité financière et les longs voyages à l'avenir.

IX. Outils et ressources de trading

Avec Handel, vous disposez d'outils et de ressources polyvalents qui vous aident à vous aider à mieux comprendre vos besoins et vos stratégies de vente. Vous trouverez ici un des meilleurs outils et ressources de trading :

Plateforme de vente à main : Une plate-forme de vente à main facile et conviviale est une plate-forme de vente à main unique. Ces plates-formes ont des fonctions telles que les dates d'achat, les manuels, les diagrammes, les indicateurs techniques et les instructions d'achat.

Diagramme et indicateurs techniques : Diagramme et indicateurs techniques pour les analyses, les suivis de suivi et les tendances d'analyse. Considérez les types de diagrammes comme les graphiques en chandeliers et les graphiques linéaires. Des indicateurs techniques tels que l'indice de force relative, l'indice de force relative (RSI) et les bandes de Bollinger vous aident à identifier les points d'identification les plus précis et les plus précis.

Calendrier Wirtschafts: Un calendrier Wirtschafts informiert über wichtige wirtschaftliche Ereignisse wie Zinsentscheidungen, Arbeitsmarktdaten und Unternehmensberichte. Ces Ereignisse können erhebliche Auf wirkungen auf die Finanzmärkte haben, et un Wirtschaftskalender hilft Händlern, solche Ereignisse im Auge zu behalten.

Nachrichtendienste: Nachrichtendienste liefern aktuelle Nachrichten und Analysen zu Finanzmärkten, Unternehmen und Wirtschaftsentwicklungen. Ces informations vous aideront, analyseront les principes fondamentaux et découvriront les différentes étapes nécessaires à leur mise en œuvre.

Robot manuel et système manuel automatisé : un robot manuel utilise un robot manuel ou un système manuel automatisé, un système manuel automatique auf Grundlage vordefinierter Regeln zu treffen. Ces outils utilisent souvent des modèles algorithmiques et des indicateurs techniques pour les métiers auszuführen.

Matériel d'image : Il s'agit d'un grand choix de matériel d'image comme les livres, les cours en ligne, les sites Web et les vidéos, qui vous aident à comprendre votre compréhension du manuel et vos instructions. C'est ce qui est constant pour apprendre et sur les nouveaux stand de la stratégie commerciale et des technologies pour le travail.

Finanzdaten and -analysen: Finanzdatenbanken und -dienste bieten umfangreiche Informationen über Unternehmen, Märkte and Finanzinstrumente. Dazu gehören Finanzberichte, Unternehmensprofile, Kennzahlen, historische Kursdaten et vieles more. Ces dates sont disponibles pour la recherche en matière d'analyses fondamentales et de conseils d'analyse.

C'est ce qui vous aide à trouver le Handel avec des risques financiers et à avoir ces outils ou ressources garanties pour des transactions rentables. Les gestionnaires s'occupent de leur propre recherche, de leur stratégie commerciale et de leur Beratung professionnelle Bedarf en matière de recherche.

X. Aperçu sur les sections d'entrée dans le trading

Vous pouvez maintenant avoir quelques tendances et des opportunités dans le trading au cours des derniers mois pertinents:

Künstliche Intelligenz (KI) et machines Lernen: Der Einsatz von KI et machines Lernen im Trading wird weiter zunehmen. Fortschritte in den Bereichen Algorithmen, Datenanalyse and Rechenleistung ermöglichen es, complexe Handelsstrategien zu entwickeln et automatisierte Handelssysteme zu erstellen.

Big Data et analyse de données : les technologies d'analyse de données plus larges et plus robustes offrent un aperçu de ce qui se passe dans les jeux de trading. Grâce à l'analyse des données du marché, des médias sociaux, des informations générales et d'autres informations pertinentes, les traders financent des études de marché et de meilleures tendances du marché.

Trading à haute fréquence (HFT) : la stratégie HFT, avec de grandes mesures d'investissement avec des techniques de trading extrêmement élevées, nous permet de découvrir un jeu de rôle efficace. L'intégration des plates-formes de négociation et l'optimisation des algorithmes de négociation des HFT-Traders, de petits prix pour en tirer profit.

Blockchain et crypto-monnaie : la technologie blockchain et les crypto-monnaies comme Bitcoin ont le potentiel de révolutionner le commerce. La blockchain offre des transactions sûres, transparentes et efficaces, avec de nouvelles transactions cryptographiques possibles. L'intégration des crypto-monnaies dans le marché financier traditionnel sera sans aucun doute possible.

Réglementation et conformité : les principes de la complexité des opérations commerciales se concentrent sur la réglementation et la conformité dans un seul jeu de rôle. Les règles de régulation permettent de renforcer considérablement les risques de minimisation et le marché de la manipulation en toute sécurité.

Trading social : l'intégration des médias sociaux et des plates-formes en ligne dans le processus de trading est facile à utiliser pour les commerçants, les informations et les services de vente au détail. Le Konzept des "Socialen Tradings" s'appuie sur la situation pour devenir un trader stratégique et promouvoir le Wissensaustausch dans la communauté commerciale.

Bitte beachten Sie, dass meurt dans nos pronostics spéculatifs et les tatsächlichen Entwicklungen im Trading von einer Vielzahl von Faktoren abhängen. C'est ce qui fait que les tendances du marché s'organisent en faveur de l'entrepreneuriat et des investissements en matière de financement, en se basant sur des informations actualisées et des études de financement.

www.ingramcontent.com/pod-product-compliance
Lightning Source LLC
Chambersburg PA
CBHW070945220526
45469CB00007B/2526